목 긴 찻잔

국립중앙도서관 출판예정도서목록(CIP)

목 긴 찻잔 : 최경호 시집 / 최경호 [지음]. -- [대전] : 지혜 : 애지, 2015
p. ; cm. -- (지혜사랑 ; 132)

ISBN 979-11-5728-087-2 03810 : ₩9000

한국 현대시[韓國現代詩]

811.7-KDC6
895.715-DDC23 CIP2015025926

지혜사랑 132

목 긴 찻잔

최경호

지혜

시인의 말

첫 시집을 내게 되어 기쁘다. 만시지탄이 없을까마는 비재인의 타고난 체질임을 숨기지 않는다. 시가 두려웠다. 이런 저런 이유로 세월을 허비했다.

내 원형原型 안의 아니마와 타인의 아니무스를 원용하고서야 시를 쓸 수 있었던 것은 다행이었고 일깨워준 시인에게 감사한다. 시를 정리하면서 나를 인간으로 키워준 분들의 얼굴을 많이 떠올렸다. 홀로 강변을 걸으면서 그들에게 계속 물을 것이다. 아직도 꿈을 가져도 좋으냐고. 유석 시인, 난정 시인 그리고 출판을 허락해주신 철학예술가 반경환 주간님께 감사드린다.

나를 아는 모든 분들께 감사한다

2015년 가을
최경호 삼가

차례

2부 누드화

3부 작가의 묘비

4부 바람의 시인

5부 서가

• 일러두기
한 연이 첫 번째 행에서 시작될 때는 > 로 표시합니다.

1부

목 긴 찻잔

달빛 냄새

청마시를 좋아하는 가시내 만나러
대구의 서쪽 끝 문양역汶陽驛엘 간다
노인들이 주말마다 쌈짓돈 몇 푼 넣고
느릿느릿 올라오는
지하철 문양역은 하늘과 땅이 터져 있는 곳,

까마귀 까맣게 우는 허허한 들판에서 우리는
낙동강 건너가는 노을 자락 잡으러 간다.

남해 바다 시詩가 문양산 산모롱이에서 보름달로 떠 있는지
낮이 밤 되어도 무명 시인 둘이서 결판낼 일 없지만
너와 난 부딪쳐야 하는 정감론情感論에 동의하고
몸의 정감이든 마음의 정감이든 넘나들기로 한 것인데
눈치 빠른 주인은 밝지도 않은 알전구를 켜고 웃는다
매기탕 안주 나동그라진 소주병
가시내 허벅지에서 달빛 냄새가 난다.

가출

얼큰한 콩나물국에
울컥하는
자유
- ,

한 잔의 술을 마신다.

부서질 사람

— 운길산雲吉山* 오르며

운길산역에서 손을 흔든다
이별을 눈치챘을까
부처님 사랑이 시나브로 떨어지는 물방울이라면
수종사 새벽 종소리 귀 멀고 눈 멀어
발치로 서성이는 인연의 끈 놓지 않을 터인데
정수리 익는 햇살 안간힘으로 지고
가파른 이별의 길 운길산을 오른다.

행여 서역으로 가는 지름길 있는지
땀 젖은 목탁 소리 산정 푸른 나뭇잎으로 흔들리고
천 길 대웅보전 아래 뛰어내릴 중생은 없는데
산머리 오백 년 은행나무 한강물로 뛰어든다.

아직도 손을 흔들고 있는가
수종사 원음圓音 타고 부서질 사람아.

* 운길산雲吉山 수종사水鍾寺는 경기도 남양주시에 있다. 세종의 여섯째 아들인 금성대군이 세조 4년(1458)에 두물머리에서 새벽종소리를 들었는데 운길산에 와보니 바윗굴에서 물이 떨어지는 소리였다 한다.

웃음소리

팔공산 동화사
대웅전 문틈으로 웃음소리 나직하다
삼존불 중 큰 부처님만 계시는지
넘어가는 저녁 햇살 힐끗 계단으로 내려
인악仁岳 스님 오백 년 나무 그림자로 앉았다
큰 불성은 나직한 웃음이라
차마 돌아서지 못하는데,

대웅전 연화 문살
삼백 년 합장인가 석연화石蓮花 피어 웃으니
이제야 알겠다
언제 부처님이 소리내어 웃으시던가.

목 긴 찻잔

왜 맨살로 서 있는지 나는 모른다.

한 해가 저물도록
목 긴 찻잔은 빈 잔이었다
진실에게 물을 터이지만
돌아오지 않는 사람의 눈빛을 안다.

철새도 떠날 때 돌아올 것을 맹세하지 않는데
목 긴 찻잔
겨우내 왜 울고 있는지 나는 모른다.

아직은

링거주사 목줄에 달고
어린 시절을 꿈으로 엮고 있는 한 소녀의 생명 있소
간절한 눈빛으로
창밖으로 나는 비둘기
구름 잡고 있지만
소녀에게 이별을 말해야 할 시간은 멈춰있고
해방되던 날 사수동 터진 마당에서 늦도록 기다리던
세상에 아름다운 한 소녀가 아직은 살아 있소
떠나는 사람에게 위로의 말이 있을까
살아 있는 여든 셋 소녀에게 시간이 없다는 데
소녀가 좋아할 그림은 있는가 다리가 휘둘리고
아직은 살아 있음에
소녀의 하늘은 매우 푸르오.

겨울 감기

사랑은 겨울 감기
한 스푼의 꿀과 생강
붉은 대추,
모과나무 뒤꼍에서 홀로
언 손 비비며 불 지피는

노을 고향

해방 전 사수동* 유월은 하루 해가 길었다
사수동 뒷산에서 강 건너 바라보는 저녁노을
할머닌 보국대 나간 아버질 기다리고 있었다
기다리는 사람 돌아오지 않아도 저녁노을은
황홀한 수평선 한켠에 대문 열어 두고 있었다
어린 시절부터 기다림에 이골이 난 배고픈 유월
늙은 소나무처럼 구부정 기다리다
다람쥐 오르는 곁가지에서 손망을 보다 지치면
할머니 쭉정이 젖 만지며 잠이 들었다.

찬물 떠놓고 소지 사르던 할머닌 어느 겨울 노을로 사라지고
해방을 기다리던 아버진 낙동강 노을에 뿌려지고, 나는
강 건너 노을 속에 앉아 있었다.

* 사수동 : 경북 칠곡군 사수동이었다가 이후 대구시 북구 사수동泗水洞, 지금은 고속도로를 내어 마을 전체가 사라졌음.

반칙의 시대

순이야, 너 기억하니
소나기가 불빛으로만 쏟아지던 날
너의 아버지와 나의 아버지가 멱살 잡고
누가 더 멱살을 세게 잡았는지 기억은 없지만
네가 소리치며 울었던 걸 보면 그때도 대충은 알 수 있었지
어른들 싸울수록 너와 난 더 외롭게 빛나던 별같은 친구
바람불고 소나기 쏟아지는 날 손잡고 강변으로 갔지
흐르는 물 밑으로 마음도 흘러 싸우지 말자는 맹세는
없었지만
갈대숲 강변에서 너의 엷은 옷 하얀 젖무덤
내 얼굴을 묻게 허용해준 것은
네 아버지가 내 아버지의 목을 심하게 조를 때였고
조르는 힘이 강할수록 나는 너의 몸 속으로 깊이 들어가는
반칙의 시대, 순이야
철없던 시대가 가장 위대한 시대였다.

불시착

하늘은 눈을 비비고 있다
여기가 어딘가
남한강 뱃머리에 왜가리 한 마리
빈 배 위에서 한 쪽 다리를 들고 있다
'생각 중' 푯말이 붙었다
나도 왼다리 들고 머리를 다리 사이로 넣는다
내 견고한 혼이 빠져 바퀴처럼 굴러간다.

한강물로 세수하고 지난 밤의 비린내를 내보낸다.

왜가리는 맞은 편 절벽에서 생각중이다
절벽은 꽃보다 갈대다
일어서는 갈대
흩어진 생각을 배낭에 구겨넣고
구월산* 넘는다.

* 九月山 : 황해도 신천군 용진면. 아사달산이 있다함. 난고 김삿갓의 시 '구월산'이 있음. 九月山光 長九月

임화의 여인

'네거리의 순이' *
'다시 네거리에서'
'9월 12일-1945년, 또 다시 네거리에서'
북으로 간 임화의 누이 순이
순이는 근로청년의 연인이고 영웅의 여인이고
종로 네거리에서 인민해방을 외치던 젊은 혁명가

카프가 패망한 거리엔 낯익은 전차, 자동차, 붉은 신호등이
카프를 빼앗긴 순이는 청년도 사랑도 빼앗기겠네
해방된 종로 네거리 마이크 소리 하늘 높을 때
사회주의 깃발은 서서히 비에 젖었으니
딸 혜란은 남에 두고 기어이 북으로 간 낭만의 시인 임화
'우산 쓴 요코하마의 부두', 항구의 계집애도 없구나
해방은 죽어서야 찾아오는 고향인데
비오는 종로 네거리 너에겐 낯선 고향이냐.

* '네거리의 순이' 등 '-'는 임화의 시집임.

2부

누드화

거문도 해돋이

일찍이 땅의 끝으로
바다를 향했던 작은 섬
한때 버림도 받았던 천혜절경
역사이래 근대화 수문 열렸으나
슬프다 역사여
수월산 동백꽃 붉게 울었다
제국열강도 신에게 감사했던 삼호팔경三湖八景
김류金瀏 같은 문장가 있어 거문도巨文島 라
삶도 힘찬 어부들 뱃노래 다섯 마당 있으니
지국총 어사와 지국총 어사와.

그러나 보라
삼호교 등어리 등불 까만 새벽
고도 · 서도 손잡은 동쪽 너머
불타산 부처님 굽어보는 유림해변엔
마침내 어둠 뚫고 오르는 불기둥 하나
새 시대 장엄한 숨소리
지국총 어사와 지국총 어사와.

하목정에서

문양은 문수汶水가 바다로 흘러가던 넉넉한 들판
따오기 노을 빗겨가는 하목정霞鶩亭* 둥근 기둥엔
옛 사람 손자국 천정까지 뻗어 지나는 옷자락 놓지 않고

선조宣祖가 남긴 묵향, 사백 년 그리운 여인 배롱나무 향내
석가래 치열齒列 부목副木으로 받쳐 하늘은 넓고
옛 사람 고독 뼈에 저려 내 하목정 앞에 붉게 섰구나.

* 하목정 : 대구시 달성군 하빈면 하산리에 있는 조선시대 정자, 대구시 유형문화재
霞鶩亭 노을하, 따오기목, 정자정.

농원에서 생긴 일

지하철 2호선에서 목소리로 전화하는 여잘 보았지
숙천 농장이라는 말에 혹시나 했는데
자넨 못 생긴 여자와 사귀는가 귀도 어두운데
숙천 우물 마시고 세계에서 제일 큰 호박 길러낸 교수 농사꾼
복숭아 적과摘果한다고 바둑 친구를 부른다
늦여름부터 복숭아, 앵두, 자두 딴다는 데
요즘 농촌에서 남자의 품삯 최소 10만원인 걸 나는 안다
해질 무렵 일당으로 깻잎 한 뭉치씩 던져주는데
어떤 친구는 바둑 잘 둔다고 깻잎 두 뭉치 양귀비 얹어주고
어떤 친구는 처음 방문이라 상추 얹어주고
교수 농사꾼이 내겐 깻잎 주지 않는 이유를 안다
덜 익은 모과 같은 여자 그리 좋은가
적과하는 하루 애호박, 햇감자 넣은 손국수 훌훌 불며
숙천농장에 동문회 간판 걸자 결의했는데
바둑 둘 때마다 끝판에서 절망하던 키 큰 친구
아직도 대구선 다리 밑 연밭엔 몇 톤의 미꾸라지
개울 건너 복숭아밭엔 모종의 식물 은밀히 자라고
풀 우거진 농장에서 어린 시절 추억도 기억해냈지
귀 어두워도 내 심장의 소리 듣는 간극間隙의 친구
언제쯤 전화 올까.

둥근 모자 당신은

일찍이 열 다섯 옥양목 꽃물에 놀라며
탱자나무 울타리에서 종일 울다가
서울에서 온 미남 청년에 넋을 잃었지
오랜 세월 청년은 과수원 울타리에서 기다렸고
둥근 모자 쓴 당신은 흰 원피스 걸치며 뛰어나갔는데
사람을 믿었든지 사랑을 믿었든지
과수원 고샅길 혼자서 걸었다.

우연일까
이름 난 서정시인 출판기념회에서
둥근 모자 쓴 시인이 굵은 싸인펜으로
나를 기억하겠느냐고 눈빛으로 웃는 당신
스무 고개에서 만난 여우였다
남한강 북한강 두물머리 흰 연 붉은 연
누구와 손잡고 전설의 섬으로 숨을 수 있었는데
남산 오르는 길 절룩이며
혼자서 행복하다 웃고 있다.

부엉더미 마을

함지산 끝자락에 가난한 부엉이 마을 한 채
가까이서 보면 부엉더미는 죽은 마을이다
경부 고속도로, 경부선 기차소리에 사람들 귀 멀고
귀 막고 눈 가린 마을 살기 좋겠다.

교회 정문을 지나 작은 산 넘어 질퍽한 골목길에 이르면
전봇대 비스듬히 가로등 두어 개 처져 있고
날짜 지난 우편물이 혀를 빼문다
개만 짖는 골목길엔 달빛 서러운 적막이 사무치고
달포 전 한 남자가 늙은 소나무에 비밀히 목을 달았다
과부동네 여인들은 서로가 모르는 일이다
밤마다 한 과부는 함지산 올라 풀 쥐어뜯는데
하나님, 부엉더미 마을에 빛을 주소서
부엉더미교회 종소리 그렇게 울렸다.

산수화 한 점

백발 화가는 붓끝에 숨을 모운다
순간을 멈추어 영원을 호흡하려는 떨림이다
접시에 싸 놓은 먹물 질벅한 땀이고
단아한 여인의 몸둥아리 서서히 요동친다
잘라도 살아나는 욕정의 바이러스
마지막 결단은 여백인데,

마모된 붓 끝에서 지난 세월이 떨고 있다
묵향의 세류 학다리로 껑충하고
암벽에서 천 년 기다린 저 노송
운무雲霧 속으로 스님은 떠나는데
한 여인 산속으로 들어가는
삶도 사랑도 엇갈려 홀로 선 소나무 엇결을 잡고
훠이 훠이
고독 앞에 선다.

산수화 한 점.

새벽에

먹먹한 대머리 새벽
강창다리 밑으로 금호강물 흐르고

기억에도 없는 여자가 궁금하다
계단 풀섶에 버려진 핸드백
블래지어는 누구의 것인지
가로등이 삐딱하다
궁산弓山* 아래 금호강 잉어가 첨벙
용문을 넘는다
깨어지는 미명未明.

* 궁산 : 계명대 뒷산으로 강창교 부근에 있음.

미륵불

천년 서 있는 이화령 큰 고개 바위
누구 기다려 절룩이도록 서 있는가
영남의 총각과 전라도 처녀가 울고만 간다는
모감주 꽃피는 고갯길 바위

심장도 핏줄도 없는 날개 단 바람이었으면
외로움 강물에나 던지지
자태 의연하여 외로움 짙구나
선무당이 촛불 켜고 신령님 사랑하는 곳인데
누구도 살아서는 못 만난다는 큰 바위 전설에
올해사 모감주나무는 노란꽃을 피웠다
꽃이 열매 되고 열매가 염주되어 알알이
세월 꿰어도
기다리는 사람 오지 않는 이화령 미륵불彌勒佛
타는 불꽃을 삼키고 있다.

순결바위

황매산 진달래 봄마다 몸살이다
산동네는 가출 바람
진달래는 순결바위 연모하여,

순결바위도 마음은 둘이다
기다릴 것인가
떠날 것인가
해마다 4월이면
천 길 낭떠러지
봄타는 진달래
참으로 붉다.

울산 반구대

울산 반구대 암각화 벽면을 마주하면
선사시대 사람들 알몸으로 걸어 나온다
잡은 짐승 어깨에 둘러메고
바다로 나간 어부가 고래 한 마리 몰고 온다
아이들은 마당에서 사슴과 물고기를 그린다.

태화강 휘돌아 흐르는 큰 골짜기 大谷 물 마시고
큰 거북 엎드린 반구대에서
해마다 태양신 맞으니 영신축제迎神祝祭다
북 울리고 날렵한 영신무 춤사위
반구대 암벽에서 고래떼가 몰려 온다
오징어 넙치도 있다 사슴과 호랑이도 있다
선사시대 조상님들 암각화 벽면에서 축배를 드신다.

폼페이 불꽃

1500년 간 땅 속에서 잠자던 폼페이
불꽃에 잠자고 불꽃에 잠을 깬 로마의 도시
베수비우스 화산은* 불의 소나기다
하늘에서 쏟아지는 천둥소리 돌이다
세상은 허연 재가 된다
벌거벗은 나무 대리석 불기둥으로
외마디 사슴의 울음을 어찌 할꼬,

폼페이를 덮친 화산은 인간을 태우고 원형경기장 ·
술집 · 빵집 · 공창 · 세탁소 · 공중목욕탕을 태운다
노예를 뱀장어 어장에 던진 졸부 암폴리아투스를 구원할 수 있을까.

노예 아탈리우스는 사랑하는 코넬리아를 마지막으로 구한다
인간의 불꽃은 사랑이다
사랑을 위해 모든 걸 감수한 여전사 코넬리우스
해박한 지식 질긴 탐구의 인물 플리니우스
2000년 전 인간 化石이 손들고 구원을 외친다
폼페이 불꽃이다.

* 로버트 해리스Robert Harris의 소설 『폼페이』(2008)에 나오는 인물들임.

누드화

화가의 아뜨리에,

젊은 모델은 전라全裸로 포즈를 취하기 전 화가에게 묻는다. 오늘은 그림을 그리지 않나요? 오늘 그림은 그리는 것이 아니라 대화를 하는 것입니다. 대화요? 모델은 잠시 의외라는 표정을 짓더니 화가의 다음 말을 기다린다.

나의 작업실에 와서 전라로 벗는다는 사실에 두려움 같은 것을 느끼지 않나요? 전혀 없다고 말하면 거짓말이겠죠. 초상화건 누드건 타인의 시선 앞에서 자신을 알몸으로 드러낸다는 건 심리적으로 불안한 일이죠. 그림의 기본은 누드인데 나 같은 직업인이 없다면 화단은 상당히 위축되겠지요. 어느 시대건 세계적 명작은 누드화였지요. '알제리의 여인들'을 보세요.

아가씨의 매력은 어디에 있다고 봅니까?

선생님 보시기 나름이죠. 화가의 시선이랄까 관점 같은 것, 저야 뭐 알겠어요? 미적 판단은 화가에게 맡긴다는 말이다. 모델은 되묻는다. 선생님은 저의 매력이 어디에 있다고 보시는지요? 화가는 머뭇거리며 말한다. 전체와 부분으로 나누어 볼 수 있지만 둥근 얼굴에 상대를 꿰뚫어보는 눈매가 있어요. 서글한 눈매라기보다 광채 있는 눈매, 그 말은 매력이 없다는 말로 들리는데요. 아닙니다. 가녀린 어깨선에서 유방쪽으로 내려오는 흐름은 일종의 가련미라고 하겠지요. 발랄한 시기를 넘어선 여인에게서 소녀의 몸매라는 느낌을 준다면 육감을 넘어선 청순미지요. 여체의 미는 볼륨과 선 등 질감에 있는 것인데 아가씨의 산 같은 허벅지를 곧추세운다든지 옆으로 비켜 앉는 경우 강렬한 눈매와 더불어 섹시함이 발산되지요. 연약함과 강렬함은 서로 배치되는 구상이 아닐까요. 그런 점도 있지만 소녀적 가련함과 중년의 강렬함을 동시에 지니고 있다는 점은 의외성에 해당되지요. 아가씨 자신은 어떻게 생각하지요? 저는 사실 비교적 왜소한 편이어서 질감 있는 성적 매력은 부족하다고 봅니다. 선생님이 말씀하듯이 하체의 풍성함과 매력적인 각선미 그리고 몸을 비틀어 보일 때 발산하는 육욕성은 뭔가 괜찮지 않을까요? 그렇군요. 아가씨에 대해 어떤 선입견을 가진다면 잠재된 발랄성이랄까 타고난 성적 열정을 발견할 수 없을 수도 있겠네요. 물론 피카소나 루벤스 또는 김흥수 같은 대가들의 모델은 나이가 20-30살 차이가 있는 통통하고 젊은 모델입니다. 육체적 볼륨감이 매력을 창조한다는 기존의 통설을 말하는 것입니다. 로코코시대의 음란한 사실성을 말하는 것이 아닙니다. 전체적으로 소녀적 청순미가 흐르면서 발랄한 청순미가 겹쳐지는 모델은 누드계의 의외성이죠. 마치 카날레토에 의해 어두운 베네치아가 밝고 명쾌한 빛의 베네치아로 인상이 변하는 것과 같은 것이지요. 저에게서 다소 별난 여성미를 발견하셨다니 영광입니다.

그렇습니다. 발견이지요.

이제 캔버스 여백이 얼마 남지 않았습니다.

새로운 누드화는 시각적인 아름다움뿐 아니라 인간 내면의

꿈과 열정, 심리적인 것까지 포함하는 작업이지요. 현대화는 선과 색채가 아니라 언어가 새로운 흐름을 담당하려는 거지요. 화가의 새로운 구상에 모델은 좀더 노골적인 자세로 관심을 보인다. 화가는 질문을 멈추고 자세를 곧추 세운다. 젊은 모델 앞에서 손이 떨린다. 과장된 포즈의 드로잉은 계속되고 가냘픈 선이 어느 부분에서 강조되는가 하면 음양의 윤곽이 선명하다. 오늘은 10분 드로잉이 길어진 것인가. 화가의 손바람은 대상 속으로 빨려 들 듯 거칠어진다. 그러한 시간이 얼마를 지났을까. 모델도 화가도 숨소리가 편안해지고 아뜨리에는 정적이 찾아온다. 아가씨는 긴 수면 후의 쾌락한 표정을 지으며 자신을 확인한다. 순간 야릇한 떨림이 전신에 확산된다. 오늘의 스케치는 잘 되었어요. 화판을 들어보인다.

아뜨리에 밖은 벌써 어둠으로 싸여 있다.

3부

작가의 묘비

대둔사 여름

해남 두륜산 땀 흘리며 찾아 갔다
산들이 서로 베고 누워 못 본 척 하는 건
울리는 북소리,
대둔사 빈 뜨락 갑작스런 북소리에 땀을 닦는다.

회색 불심도 더위는 피해야 한다
깎은 머리 젊은 스님 웃통을 벗었다
육신 때문에 육신 있어 인간이다.

북채 든 손놀림 빠르고 느리게 춤인가
미망의 번뇌를 꺼뜨리는 둔탁한 몸짓이다
전신을 파고드는 몸의 물기 남루한 저 표정
스님의 핏빛 회한 동백꽃으로 붉은데

문제는 울림이다. 히말리아 산기슭 너머
무너진 스와얌부나트 사원에서 울고 있는 소녀의 이마
우연일까,
적광寂光의 검은 점 하나가 박힌다.

침계루枕溪樓 맑은 물소리.

절망의 뿌리

절망에도 뿌리는 있는지
있다면,
아침마다 비슬산 벼랑에서 뛰어 내리리라
인연도 끊고 벽마저 쌓은 절벽
혹은 벼랑에서
절망하는 바람아, 구름아

낙동강 강물따라 목겹게 날던 재두루미
무너진 벼랑에서 왜 슬프게 우는지
절망은 절망으로 피는 꽃이어서
해마다 벼랑에서 진달래는 피는지

지독한 절망으로 죽으리라
절망의 뿌리
사랑의 바다라 믿어
그리하여 찾을 수 없는 뿌리라면
한 번 더 나락에서
낯선 계단 있음을
한사코 믿어
낭가파르밧* 벼랑에서
허공 잡고 울리라.

* 파키스탄의 세계 최고의 절벽, 4600미터.

서울역에서

서울역 광장에 서면 혼이 달아난다
마이크 소리에 사람들 비틀거리고
어디로 가는지 떠밀려 가는 서울 거리
시청 앞, 덕수궁 돌담길, 인사동 거닐다
정신 차리면 옛날 찾던 골목길 둥글레집이다.

막걸리로 취하던 시대 낭만의 시대
비오는 날 명동 섹소폰 소리가 걸어 온다
화장하지 않은 아가씨의 민 웃음이 다가 온다
남산으로 올라가는 길 훤히 뚫려지고
마음은 비에 젖어 한강으로 흘러가는데
그때마다 포켓은 왜 비어 있었던지 웃음이 난다.

비탈진 아현동 내려오면서 잘 가라던 젖은 눈빛이
서울 동서남북 어디에서 비 되어 내린다
우산을 쓰지 않으련다
거기 누가 있는가.

베네치아에서

— 아들에게

콘돌라 뱃머리에 앉았던 행복한 순간을 기억하느냐
아드리아 바다에서 헤엄 한 번 못쳐 본 네가
리알토다리에서 16세기 대운하 밑을 미끄러지는 낭만을,
밀라노거리에서 멋으로 산 싸구려 목도리
잘 생긴 베네치아 장골 뱃사공 삼아, 넌
귀에 익은 산타루치아를 불렀다.

시는 몰라도 셰익스피어는 안다는 아들아
로미오와 줄리엣의 옛집은 창문으로 바닷물 넘치고
뱃전에는 깊은 햇살
지하 프리지오에서 손 흔드는 환영들 어찌 되었던고.

빵의 눈물 떼고집도 아름답던 소년아
십자군 발굽소리 요란한 산마르코 광장에서
손 시린 찻잔 들고, 넌
젊은 자유였다.

목적지 없는 기차는 없는지

어디 목적지 없는 기차는 없는지
내 배 사이소 외치던 구포역 처녀들
'목포의 눈물' 부르던 병사는 무사히 갔는지
시퍼런 면도날로 위엄을 부리던 이발소 병사는
밤새 소주만 들이키다 막차를 타지 못했다.

어디 목적지 없는 기차는 없는지
돌아오지 않는 기차 어디로 간다는 푯말 없으니
손 흔드는 사람 없어 좋겠다
결국은 내 있어도 나 없는 것이니
목적지 없는 기차 기적을 울린다.

어디 목적지 없는 기차는 없는지
가보지 않고 사랑해보지 않은 사람 타야 할 기차

내 껍질로 누에 되고 명주실로 '없는 끝'을 이어
질주하듯 지구 몸속으로 들어가
사랑이다, 눈물이다
모든 슬픔이 목적지 향해 달리는 기차에 있음에.

상관관계

솟은 교회 옆구리 미모의 과수댁
채마밭에서 자주 허파로 웃었다
자빠진 울타리
낯선 영감에게
성난 고추 몇 개 들고
푸른 하늘 은하수 하얀 쪽배에
영감은 밭이랑 가득히 웃었다
그날 밤 불타산 여우는 높은 음계로 울었다
일 년 뒤 한 권의 시집이 나왔다.

『성난고추와 알몸의 상관관계』

태산泰山 무자비

의미와 무의미로 쌓아 올린 6천 개 돌계단
기며 절망하며 몸둥아리 들어 올린다
달빛 없는 밤 실성한 젊은이들 따라
흔들어 보이지 않는 밤의 깃발 들고
돌계단 오른다
중천中天 에서 배고픈 영혼 만나 허기 채우고
어린 시절 하늘아래 뫼이던 태산 오르고 또 올라
태산의 무자비無字碑* 손으로 만진다
역사는 가슴에 담아야 할 비록非錄이다
중원中原 역사
석비 비어 있어 휘몰아치는 고독
총칼로 한반도를 몇 백 번이나 넘었던고
무자비, 입을 다물고 있다.

* 무자비 : 태산의 무자비는 창시연대가 정확하지 않다고 한다. 일설에는 진나라(221-211B.C)진시황제가 세웠으나 없어졌다는 설과 한무제 때(140-88B.C) 무제가 세웠다는 설이 있다. 명나라 장전의 시와 중국의 서예가 궈모뤄의 회상시가 있다.
무자비는 이 외 당대초에 세운 협서성 당고종과 측천황제합장묘인 '건릉' 옆에 무자비가 있다.

제주도 김녕 해변

'놀멍 쉬멍 걸으멍' 찾아간 제주도 김녕 해변
왁자한 비명소리 풍차는 늘어져 돌고
여유로운 오후 수평선 그윽히 눈을 감는다
점점이 검은 피부 버려진 불돌 사이로
새끼 게는 구멍으로 아이들 유혹한다.

넘어지고 부서지고
절며 뛰며
삶이란 그렇게 부서지던 파도 아니더냐.

김녕 해변에 집 한 채 지어 살 수 있다면
울타리 없는 앞마당 뛰어다니다
수평선에 목을 매고 사람 살려 사고 쳐서
소방차 두어 대 싸이렌 울리며 도착하면
그제사 붉은 노을 손으로 가리키겠다.

중일전쟁 옛터

하늘이 내린 산동성 천복산
중일전쟁이 터진 들녘엔 바람이 불지 않는다
일본 침략군이 들녘에서 분쇄되었으니
천복산기의天福山起義 기념관 첨탑 높은 줄 알겠다
시인 궈모뤄郭沫若*의 명필 여기서 보다니
마오쩌둥의 '작은 불씨'** 들녘을 태운다.

사회주의 이름으로 죽어간 인민의 영웅들아
군모는 낡아 하늘로 벗겨 쓰고
녹쓴 총구 앞에서 그대 영혼들 웃고 있네
벌레들만 웅성대는 돌무덤 덩그런데
찾는 이 없는 들녘엔 바람도 무겁다
사회주의 영웅들
죽어서 한 줌 흙이다.

* 궈모뤄(1892-1978) : 중국의 시인, 서예가.
** 星星之火 可以燎原(작은 불씨가 들판을 태운다).

나그네

나그네
두물머리 갈대 밭에서
물의 여인을 만나다
들리는 종소리
배를 저어 산으로 향하다
불타는 산 佛陀山에서 사슴 두 마리가 보이다.

산페르난도 해변

야자수 코코아나무 밑에서 하루를 자고
반카Banka에 실려 필립핀 중국 해안 달린다
청동빛 흰 이빨 원주민이 같이 살자 한다
파도치는 바다에서
강대국 자본이 해마다 두 번씩 챙겨 간다는 해변엔
멀리 구름 위로 바기오 시티 구름으로 떠 있고
들릴 리 없는데 아이들 손 마이크 소리소리 지른다
지천인 산호수.

해 저물녘 돌아오는 뱃전에서
선생님, 우리 할아버지 독립운동했어요
산페르난도 어귀 항일전 기념비에 희생자 명단있지요
검은 웃음이 파도 소리에 묻힌다.

작가의 묘비

1.
남양주 모란공원은 안개 낀 풍경화
민족 민주열사 묘지 나에겐 서먹한 얼굴들
문익환, 계훈제, 박종철, 전태일, 조영래 묘비명 있어
살아서 만난 적 없어도 영혼으로 만나니
아, 불꽃의 사람들

'저/ 처절한 불길을 보라/ 저기서 노동자의/ 아픔이 탄다/ 저기서 노동자의 오랜/ 억압과 죽음이 탄다.'(조영래)

2.
만주 북간도 용정에서 남석 선생을 만나더니
경기도 모란공원에서 다시 만났으니

고고한 학으로 사셨던 님의 한 평생
눈으로 한 뼘 반 월망동 언덕 끊어진 길 아래
보는 이 미안토록 봉도 낮게
산 한 자락 덮고 나무 그늘 발치에 계시다

오직 민족과 서민의 깃발로
한민족 대서사시「북간도」의 작가
남석 안수길 선생 잠드시다.

4부

바람의 시인

거문도 미련

여수 가는 여객선 뱃고동 소리
하룻밤 정든 여인이 길을 막는다
거문도 파도는 밤의 여인
밤마다 뿌리째 흔들어 속살까지 흔들어

갈매기 빗겨나는 포구에 앉아
배 떠나면 소줏잔 나누자던 늙은 친구야
어릴 적 고운 뺨 남해 바람에 팔았나
아무리 웃어도 사랑스럽지 않은 네 모습
이제 거울 앞에 섰구나,

형형한 눈빛은 살아
노을 실은 만선 고깃배 노루섬 지나는데
술꾼 친구 네가 왜 웃는지
이곡명사* 모래알 어느 세월 세어 낼꼬
삼호교 등굽은 다리 넘어야 할 나이
도다리 · 민어 · 까나리 · 눈퉁멸 닥치는 대로 회쳐서
부어 놓은 소줏잔 비우고 생각하세,

하룻밤 정든 여인이 길을 막는다.

* 이곡명사梨谷明沙.

빨래

아내는 영감의 껍질을 문질러댄다
어깨선 위로 덩그런 고독새 한 마리
그의 코 끝에는 막말의 징후가 시퍼렇다
수돗물이 콸콸 내장을 씻어댄다
빨래인지 걸레인지 절망 같은 숨소리
햇살과 그림자가 등쪽으로 가득하다
떠나지 말라고 했는데
영감의 내장을 계속 비틀고 있다
바짓가랑이가 빨랫줄에서 구토를 한다.

커피 한 잔 마시고 나가요
아내는 햇살처럼 환하게 웃고 있다.

퇴원하던 날

신경외과 45병동 4509호실
몇 번인가 돌아 긴 복도 끝에 있다
입원한 지 사흘 뚫린 창문으로
십자가 하나 솟는다 기적이 일어날까
환자는 새벽에 감마나이프 수술실로 실려 가고
병실에서 매우 남루한 반성 때문에 '생각'을 붙들고 있는데
검은 신 두 짝이 침대 밑에서 꺼진 눈으로 내다본다
분명한 건 고양이 두 눈이다
로버터 헤드프레임을 쓰고 밤을 지새는 아내의 병실에서
검은 신 두 짝 내 신발을 겨냥한다
배신자의 흔적은 발자국에 남아 있으니
퇴원하던 날 아침 아무 것도 보이지 않았다.
(2013년 9월 26일)

큰무당

초하루 보름
머리감고 옷매무새 단정히 하고
웃목에 찬 물 한 그릇
천지신명님과 조상님
어린 것들 그저 공부 잘하고 탈없게 하소서
할머니 소지燒紙 간들간들 어두운 하늘 올랐다.

밤을 하얗게 지새도 시가 여물지 않는다
하늘로 훨훨 신명나는 몸짓이 없은 탓인가.

할머니 소지가 하늘로 오르고 있다
꿈에서도 기쁨이다
오르다 지친 소지 하얀 재가 된다
재가 된 소지 그건 시詩였다
하늘에서 내리는 시
할머닌 큰 무당이시다.

아파트 오후

아파트 마당에서 꽃망울 터지는 소리 난다
자전거 타는 아이와 쫓아가는 아이들
하늘에는 꼬리 연줄이 얽혀 있다
산노루 같이 껑충한 아이들
한 묶음 들꽃 뿌린 뒤의 자주색 웃음들
'성훈이가 요, 자꾸 욕해요.'
'때리지 말고 같이 놀아라,'
올해사 가파른 언덕엔 푸른 대추 주렁주렁하다
놀이터 위로 참새 몇 마리 기웃한다
물구나무 선 사이로 벌레먹은 이빨 비시시 웃는다
자식들, 언제 저런 재주 배웠어
석류열매 붉게 터진다.

낙엽 위에 앉아 봐

여기 낙엽 위에 앉아봐
육신은 비키고 가벼운 영혼으로
저기 마을 불빛 소나무 사이로
꺾어져 비치는 함지산 언덕배기에
어둠이 낯을 밀어내고
바람 잦아지는 숲에는 오직 너와 나 그리고
어둠만 남아 아무도 보지 않을 거야
키 큰 꿀참나무 일 년을 걸려 떨군 낙엽인데
묘지 옆인들 어떠냐
가벼운 숨소리조차 쉴 곳 없는 시멘트 바닥에서
어디 마음 놓고 속마음 비울 곳 있더냐
들어보자 처녀 귀신 이야기
꿀 먹은 벌레 이야기
우리도 사랑 이야기 할 때가 된 것 같아
가벼운 영혼으로 앉아 봐.

가난한 요셉의 죽음

가난한 요셉의 상가喪家엔 눈물이 말라 있다
문상객 없는 밤은 죽음도 긴 시련이라
촘촘히 박힌 국화송이 옆댕이로 요셉이 걸어 나온다
전립선 수술받고 폐혈증이 겹쳤다네
묻지도 않는 말을 하고 제 자리로 돌아간다
친구들에게 왜 갑자기 죽었는지 말을 해야지
적어도 스스로는 아니다
수술은 잘 되었다던데.

한 번 나서 한 번 죽는다 하여 일평생이라 했는데
까짓것, 낙동강일지 비슬산에 뿌려질지,

아침 7시 가톨릭병원 장례차가 묘지로 떠나는데
긴 팔 밖으로 내밀고 손 흔드는 친구
죽은 사람이 산 사람에게 인사하는 건 처음이다
안녕이라고,
가난한 요셉은 그렇게 죽었다.

바람의 시인

금호강 두루미 큰 날개로 날 때
바람의 시인은 쪽지를 던지고 터키로 떠났다
이스탄불의 사내를 만나러,

낙동강 재두루미 시베리아에서 돌아오듯이
'이프(if)'의 창가에서 던졌던 말이 사실이라면
검은 지중해 바람 한 가방 채워서 올 것이다.

넌 거센 바람
난 도도한 강물.

흐르지 않는 강물

강물은 스스로 자국 지우고
물줄기 열어
대지에 길을 내는 것이니
온갖 짐승 살아
가고 싶은 길 가게 길을 여는 것이니,

6·25 포탄을 맞아도 흐르던 강물
아직도 기다리는 사람 있어
살아 온 일흔 해,

강물은
가고 싶은 길 가게 길 여는 것이니.

행복한 밤

대구 수성못 네거리 문화인 카페 아르쟁탱
중세의 여승 수도원 이름이란다
어둑한 골목길 가로등 밑엔 판잣집 두어 채
초대된 음유시인의 시낭송회가 밤을 열고 있다
때로는 등뼈가 허물거리고
하모니카 연주에 종아리 붓도록 들판을 걷는다.

가난한 시인과 마주한 건 잘못이다
시인들 황송하게 촛불 옆댕이로 손 내밀고
송곳 대신 꽃 한 송이 들고 뚫어지게 웃는다
참 시인이구나
낭송하는 시인의 목소리가 골목길 앞질러 간다
시를 쓰지 말라는 충고가 그림자로 따라온다.

카페 주인에게 말했다
오늘 밤, 행복합니다.

8·15가 되면

8·15가 되면
가슴뼈 드러난 사람들이 만세를 부릅니다
8·15가 되면
인천 방적공장으로 끌려가던 열네 살 누나가 만세를 부릅니다.

지천재 너머 인천으로 가는 트럭에서
인당수 물귀신 되고

8·15가 되면
썩어가는 폐암도 아프지 않습니다
건 · 곤 · 감 · 이, 3 · 5 · 4 · 6
링거주사는 달지 않아도 태극기는 달 것 같습니다
여든 셋 소녀는 유관순 누나
흰 적삼 검은 치마 입고 대한독립만세 부릅니다.

5부

서가

서가書架

한 계절 넘기고서야 서가를 닦는다
먼지, 제 먼저 물러서는 세월의 때
어깨로만 서 있던 예순 해 친구가 아는 척 한다.

'창비'가 죽은 세월 걸어 나온다.

서울 한 복판에서 연어처럼 한강물 거슬러
알로 부화한 이 땅의 거북등이다
심장 여린 시골청년을 잘도 후비던 '창비'가
한강에서 왜가리로 서서 물을 마신다
빠져나온 늪 되돌아 보며 생각을 가다듬는다
발자국에 놀랐던 청년들은 알 것이다
난폭한 시대 종로 역마차
천막 친 네거리에서 책장을 넘긴다.

지게

머슴으로 살았던 박 서방
그의 어깨뼈는 늘 한쪽으로 처져 있다
그의 뼈대와 지게의 뼈대는 같은 얼개다.

지게의 시대 남자는 머슴이고 노동자다
지게의 시대 남자는 영 똥값이다.

사노라 허기져 본 적 있는가
지게는 먹어도 배고프다
평생을 져 날라도 가난한 지게
인간에게 가난을 가르쳐 준 건 지게다
장가 못 간 박 서방이 증인이다.

돌이 되더이다

지난 밤은 눈 내리고 짐승들 울더이다
인연이란 끊을 수 없는 그리움
가까운 사랑을 두고
멀리서 그리운 당신은 바람의 소리였나이다
차가운 동짓달 어느 오후
자는 듯 내친 당신의 흔적은 팔공산 언저리
좁은 공간에서 그리움 지피며
심장의 숯불 태우시던 당신은
어머니,
가더이다 좋은 세상 가더이다
무거운 이승의 끈일랑 놓으시고
가벼운 당신의 그리움으로 가더이다
차라리 돌이 되더이다.

방랑자

성주 산골에서 해방을 기다리며
비에 젖은 옷을 말리고 있었지요.
가난한 시대 길 떠난 방랑자
남태평양 활주로에서 놈들에 맞섰던 청년이었는데
흰 적삼 검은 두루마기 훤칠한 어깨 높이
서대문 감옥에서 출옥한 독립운동가였는가
훠이 훠이 사수동 뒷산을 넘던 새벽
한 그루 휘어진 고송 모질게 비에 젖으면
치맛자락 눈물 닦는 여인 있어
상기도 돌아오지 않는 젖은 영혼
불귀의 석상石像이시여.

시간, 그놈

공동묘지 가는 마을버스가 덩그렇다
시간에 붙어서 알랑수로 살던 저 남루한 알랑쇠들
시간이란 사냥개처럼 몰고 다녀야 하는데
꿈과 미래라는 그들과 철없이 고스톱만 치고

성추행을 당한 여학생이 이름표를 만지고 있다
비 오던 날 경찰서 앞에서 똥 쌌던 사실이 문제가 된다
죽음 하루 전 사랑하고 싶다던 여인이 복수의 칼 간다
한 세기 죄악사로 미어터지는 기억의 창고
기억이 걸어 나와 울부짖는다.

촛불을 켤까
먼지 묻은 사진첩엔 살아 있는 얼굴들
버려야할 것은 기억이 아니라 시간이다.
시간, 그 놈.

무화과

올해사 무화과는 열리지 않는군요
나무도 꽃 없는 열매는 거부하지요
묵묵새의 들리지 않는 울음소리에
잡초는 머리 숙이고,

별들은 버림받아도 빛나는 것이고
철새들은 날개만 있으면 비상飛翔하는데
라이오스가의 저주의 코러스를 듣는지요
어두운 지중해에서 배를 저어 나왔습니다
항해는 거룩한 것이지만 난파는 인간적이지요.

어머니,
올해사 무화과는 열리지 않는군요.

시끄러운 맹꽁이

맹꽁이 소리 듣고 싶다
우는지 웃는지 모르면서
맹꽁이에게 묻는다
대구 · 지천 간 4차선 고속도로
20년 전 설계를 왜 힘으로 밀어 부치는지

맹꽁이는 안다, 모른다며 운다
맹꽁이 서식지를 불도저로 밀고 시멘트 채울 걸 안다
3천 세대 어린 아이에게 소음, 먼지, 쓰레기를
20 미터 방음벽, 매곡 17리 사람들 눈 · 귀 · 입 막고 살아
맹꽁 맹꽁, 턱밑 주머니 鳴囊 터지도록 운다.

'안다' '모른다'며 우는 엉거능축한 맹꽁이
'모른다' '안다'는 멍청한 맹꽁이
축축한 집 없어지고 가족이 헤어지는 데 울기만 한다.

친구 하나

일흔 해 기다려 친구 하나 찾지 못했다
남아 일생 친구 하나 자랑일까마는

만약, 친구를 찾는다면
그 간 어떻게 지냈는지 마주 앉아
우선은 맛있는 식사 하고
영화관 가고 바둑 두고
어느 날은 여행을 떠난다.

첫 시집 출판기념회 시낭송을 부탁하고
수 년 걸려 그려낸 그림 몇 점 전시회에서
일흔 해를 기다렸다 고백할 것이다
무척이나 고독했다 울먹일 것이다.

함지산 발치 마을

함지산 발치엔 오래된 마을 한 채.

하늘 아래 교회보다 십자가가 더 큰 해방촌 이야기는 선사시대 전설로 이어진다. 아람드리 소나무 늘어진 전선에 목을 매고 하루가 열리는 마을, 아무렇게 휘저어놓은 묵은 텃밭엔 먹을 만한 감자, 무우, 배추가 쏠쏠하다. 길이란 길은 모여 밤에도 잠 자지 않는 고속도로, 함지산 마을엔 대궁이 긴 갈대와 꿀참나무, 허리 휜 소나무, 달빛으로 잠드는 부엉이, 금호강 가재는 배가 불러 엎드려 잔다.

동네 어귀 우체통엔 수 년째 편지가 쌓였다. 건너편 묘지를 향해 동넷개 밤낮으로 짖어도 기척하는 사람 없어 어찌 괴괴怪怪한 동네. 작은 산새는 산새대로 머리 노란 할미새는 할미새대로 마디와 곡절이 다른 대솔밭, 들어서면 부엉더미 마을은 부엉이 소리 하나는 넉넉하게 들린다. 현재가 초라할수록 과거는 크게 보이는 법이어서 부엉이는 그렇게 밤을 낮으로 운다. 쳐다만 봐도 폭삭할 마을 방앗간, 휴일도 없이 사철 돌아가는 마을 이발소, 빵구만 전문으로 때우는 자전거방, 죽어서도 살고 있는 낚시집 갯지렁이, 유일한 원조 할매 보신탕집은 '팔달교다리밑에 보신탕집' 간판을 새로 걸었다. 원조 할매 사진 빠졌지만 아무도 이의 거는 사람 없었다.

함지산 발치 마을, 힘깨나 쓰던 노인은 보이지 않고 서울 총각과 도망쳤던 순이 년은 골방에서 잠만 자다 총각 하나 독수리처럼 채어갔다. 한때 재개발 붐 일어 마이크소리 높더니 현

수막 한쪽 찢어져 너덜거리고 고물장수 마이크소리 골목길 메운다.

함지산 발치 마을 해방될까.

늦은 팔공산

늦은 시간 팔공산 오르는데
산은 지레 알고 동봉 · 서봉 불을 켠다
계곡마다 불성인가* 맑은 물 돌부리 차고
청정한 산색 부처님 몸으로* 그림자 짙다
산 깊을 수록 노랑할미새, 때까치 모음으로 우는데
듣기로는 주절- 주절, 꼬기-꼬기 자음이다
염불암에서 내려오는 젊은이 혈색 왜 붉은지
산귀山鬼 들은 딱따구리
끼-익-끼-익, 얼-얼-얼
작은 산새가 큰 산을 흔든다

하산길 헤매는데
산도 새도 머리를 묻고 잔다.

* 소동파의 東村長老詩 중 '悟道頌' 참고.

이별 리포트

싱邢 라오서老師,
당신을 만난 것은
산동성 위해시 천복산 아래 아파트였소
노을이 산머리에 걸려 있을 무렵
험상한 사과 장수가 두부종을 치고 있었죠
우루루 몰려든 여인들 가운데
사납고 아름다운 대륙의 여인
큰 저울추 밑에서 미소를 지었소.

사회주의 사상과 정치학을 가르치는 당신은
아래층 노 선생의 텃밭에서 자주 풀을 뽑더니
강의 시간 빌 때마다 휘파람 불며
혼자 있는 사무실에 들렀소
중국어를 가르쳐주겠다는 제안을 쾌히 승낙하였소.

여름밤 사람 없는 들판 걸으며 살아온 이야기
가을 날 화사한 드레스 입고 저녁 초대한 것으로부터
당신의 남자 친구 유于 사장의 잔치에서
몽골인 신랑과 식사를 하였소
때로는
비밀 당원처럼 눈짓과 능청을 떨었소
키 큰 사나이의 무서운 눈초리

끈질긴 미행
지금도 잊혀지지 않소.

그러나 헤어진다는 건 시간이었소
일 년이 그렇게 짧은 줄 몰랐소
당신이 없었던들 보따리 몇 번인가 쌌을 것이오
쟈오즈餃子 한 접시 식탁에 오르던 날
당신의 과거는 타원형 숨길로 오르고
공산당 행진곡 왜 불렀던지

겨울 눈 하얀 백일홍으로 피던 날
질척한 아파트에서
떠날 때 세우는 재회의 깃발 아래서
죽는 날까지 불씨 하나 살리자 했었다.

천복산엔 지금쯤 눈 내리고 있겠죠
험상한 두부장수가 이른 아침 두부종 치고 있겠죠.

귀뚜라미

귀뚜라미를 반갑게 맞이한 건 처음이다
가을 풀숲에서 소리로만 듣던 귀뚜라미
껑충한 뒷다리에서 망명객 냄새가 난다
풀냄새가 난다
은밀히 창틈으로 들어온 건 공산당 정보원이다
문풍지 뚫고 들어온 독일병 전차군단
중일전쟁 터지던 그해 이곳 위해 벌판은 치열한 싸움터
그 태풍의 시대 위해의 시월도 태풍이 불었고
볼록렌즈 모눈
길어진 뒷다리를 생각하면
생물의 진화란 참 우습다
긴 밤을 같이 세운 귀뚜라미
나도 한쪽 다리 세우고 잤다.

해설

'성聖'과 '속俗'의 동시적 수용, 형이상학과 형이하학의 참된 조화

권　온 문학평론가

고단한 삶에 건네는 따뜻한 온기의 말

권　온 문학평론가

1.

관형사 '첫'이 전달하는 느낌은 언제나 신선하고 순수하다. 가령 '첫 만남'이나 '첫 경험'이 그러할 것이다. 시인에게는 '첫 시집'이 있기 마련이다. 우리는 지금, 여기에서 최경호 시인의 첫 시집을 만날 예정이다. 독자들은 오랜 시간의 풍화 작용을 견디면서, 제대로 숙성되고 곰삭은 최경호의 시편을 기꺼이 맞이할 준비가 되어있다. 시인의 첫 시집에는 삶의 연륜이 가득하고 문학적 역량이 빛난다. 최경호의 시에는 한 인간의 온전한 모습이 충만하다. 당신과 나는 이제 가장 정직한 인간에게서만 분출되는 사랑의 향기를 맡을 수 있겠다.

2.

청마시를 좋아하는 가시내 만나러
대구의 서쪽 끝 문양역汶陽驛엘 간다.
노인들이 주말마다 쌈짓돈 넣고 느릿느릿 올라오는
2호선 종점, 여기가 문양역이제.

지하철 문양역은 하늘과 땅이 터져 있는 곳
까마귀도 해지면 까맣게 운다는 허허한 들판에서
우리는 낙동강 건너가는 노을을 잡으러 간다
통영의 바다시가 왜 문양 산모롱이에서 초승달로 떠 있는 지
예쁜 가시내가 초승달을 보고 왜 허전하다 했는지
낮이 밤 되도록 싸워도 삼류시인 둘이서 결판 날 일은 없는데
너와 난 부딪쳐야 하는 절절한 정감론에 동의하고
몸의 정감론이든 마음의 정감론이든 넘나들기로 한 것인데
눈치 빠른 주인은 밝지도 않는 알전구를 켜고 웃는다
매기탕 안주 나동그라진 소주병
가시내 허벅지에서 달빛 냄새가 난다.

—「달빛 냄새」 전문

최경호의 첫 시집을 관류하는 핵심어 중 하나는 '몸'이다. 이 시는 체험의 구체성이 생생하게 살아있는 역작이다. '통영'이나 '낙동강' 또는 '대구' 특히 대구 지하철 '2호선 종점'이기도 한 '문양역汶陽驛'이 발산하는 구체적인 '지명地名'의 호소력은 대단하다. 우리는 최경호 시인의 친절한 안내를 받은 누구라도 언젠가 '문양역'에 갈 것임을 잘 안다.

문양역이라는 특별한 공간에서 시의 화자 '나'와 "청마시를 좋아하는 가시내"인 '너'는 비로소 '우리'가 된다. '삼류시인 둘'인 "너와 난 부딪쳐야 하는 절절한 정감론에 동의"한다. '정감情感'이란 정조와 감흥을 불러일으키는 느낌을 말하므로, 남녀 간의 '정감론'은 감각의 향연과 무관할 수 없겠다. 사내와 가시내가 부딪치고, 남자와 여자가 넘나드는 순간, 마음의 정감

을 동반한 몸의 정감은 피어오를 것이다. 최경호 시인이 이 시의 마지막 행에서 "가시내 허벅지에서 달빛 냄새가 난다"고 읊조릴 때, 우리는 부정할 수 없는 삶의 엄숙한 진실을 확인한다.

순이야 너 기억하느냐
소나기가 불빛으로만 쏟아지던 날
너의 아버지와 나의 아버지가 멱살 잡고
누가 더 멱살을 세게 잡았는 지 기억은 없지만
네가 소리치며 울었던 걸 보면 그때도 대충은 알 수 있었지
어른들 싸울수록 너와 난 더 외롭게 빛나던 별같은 친구
바람불고 소나기 쏟아지는 날이면 손잡고 강변으로 갔지
흐르는 물 밑으로 마음도 흘러 싸우지 말고 살자는 맹세는
없었지만
갈대숲 강변에서 너의 엷은 옷 하얀 젖무덤에
내 얼굴을 묻게 허용해준 것은
네 아버지가 내 아버지의 목을 심하게 조를 때였고
조르는 힘이 강할수록 나는 너의 몸 속으로 깊이 들어가는
반칙의 시대
우리는 무식하게 소나기 오는 날만 골라 만났지.
—「멱살잡이」 전문

이 시의 주요 인물은 화자 '나'와 '순이'라는 이름의 '너'이다. '나'와 '너'에게는 각자의 '아버지'가 있다. 이 작품을 이해하기 위해서는 '어른들'과 '아이들'의 관계를 파악해야 한다. '어른들' 곧 '너의 아버지'와 '나의 아버지'는 서로의 멱살을 잡거나 목을 조르는 불화의 관계에 위치한다. 반면 '아이들' 곧 '순이'

와 '나'는 진정한 친구 사이였다.

싸우는 '어른들'과 다정한 '아이들'이라는 대비적 관계는 이 시를 추동하는 원동력이다. 특히 "어른들 싸울수록 너와 난 더 외롭게 빛나던 별같은 친구"나 "조르는 힘이 강할수록 나는 너의 몸 속으로 깊이 들어가는/ 반칙의 시대" 같은 어구가 돋보인다. '~할수록 ~하는(~하던)'의 어법이 '어른들'과 '아이들'의 상반적 관계를 효과적으로 드러낸다. 순이의 '하얀 젖무덤'이 '몸'의 시학을 펼치는 최경호에게 큰 힘이 되었음은 물론이다.

백발의 화가는 붓 끝에 숨을 멈춘다
순간을 위해 영원을 녹이려는 떨림이다
접시에 싸놓은 먹물은 사타구니 질벅한 땀이고
단아한 여인의 몸둥아리가 서서히 요동을 친다
잘라도 살아나는 욕정의 바이러스, 마지막 결단은 여백인 데

마모된 붓끝에서 지난 세월이 떨고 있는가
묵향의 세류가 학의 다리로 껑충하고
암벽에서 천 년을 기다린 저 노송의 구부정한 세월
짙은 운무 속으로 스님은 떠났는 데
스님 찾는 여인은 산속으로 들어가는
삶도 길도 엇갈려 홀로 선 소나무 엇곁을 잡고
훠이 훠이 굽은 길 뒤돌아본다.

산수화 한 점.

—「산수화 한 점」 전문

다수의 독자들은 전 3연으로 구성된 최경호의 시「산수화 한 점」에서 2연에 각별한 관심의 촉수를 들이밀지도 모른다. '붓'과 '묵향'과 '세류', '학'과 '암벽'과 '노송', '운무'와 '스님'과 '여인' 그리고 '길' 등의 어휘가 가리키는 방향의 끝에는 '산수화 한 점'이 틀림없이 놓여 있기 때문이다.

하지만 이러한 독자의 예상과는 달리 시인은 작품의 1연에 보다 집중하고 있는 것으로 보인다. 최경호는 '백발의 화가'가 그리는 산수화 한 점의 본질을 다음과 같은 어구로 해석하고 있기 때문이다. "사타구니 질벅한 땀", "단아한 여인의 몸뚱아리", "욕정의 바이러스". 주지하다시피 여인의 몸은 동서고금의 숱한 예술가들에게 강렬한 영감의 근원으로 작용한 바 있다. 시인 최경호 역시 예외가 아닐 터. 우리는 이제 산수화의 배후背後에 자리한 인생의 진리를 배울 수 있게 되었다.

먹먹한 대머리만 내밀고 있는 새벽에
어제 없던 강창다리 밑으로 금호강물 흐르고
검은 양복과 여인의 허벅지가 서로 엉키면서
하루의 음모가 달리는 불빛 흐리게 명멸한다
머쓱한 이팝나무 아래 늙은 귀뚜라미가 왜 우는지
모든 움직임은 어제의 그림이 아니다.

기억에도 없는 여자가 궁금하다
계단 풀섶에 버려진 핸드백, 블래지어는 누구의 것인지
가로등이 삐딱하다
궁산弓山아래 금호강 잉어가 첨벙, 용문을 넘는다
깨어지는 미명未明.

—「새벽에」 전문

'금호강(물)'과 '강창다리'와 '궁산弓山'은 모두 '대구大邱'와 관련되는 구체적인 지명이다. 이 작품처럼 체험의 밀도가 높은 시는 독자의 호기심을 증폭시키는 힘이 있다. 우리가 이 시를 바라보는 관점은 '어제'와 '오늘' 사이에서, '밤'과 '새벽' 사이에서 흔들린다. 시인은 급변하는 시간의 흐름을 '하루의 음모'로 규정한다. '어젯밤'에는 대체 무슨 일이 벌어졌는가.

오늘 새벽 또는 미명未明은 어제의 모든 기억을 제거한다. 어젯밤, "검은 양복과 여인의 허벅지가 서로 엉키면서" 조성한 에로티시즘의 환상은 오늘 흔적도 없이 사라진다. 여인의 '핸드백'과 '브래지어(블래지어)'는 이제 계단 풀섶에 버려질 뿐이다. 어쩌면 우리는 홀로 울음 우는 "늙은 귀뚜라미"에게서 "검은 양복"의 모습을 떠올릴 수도 있겠다. 그러므로 이 시는 축제가 끝난 뒤 밀려드는 공허감을 적확하게 포착한 최경호 시인의 수작秀作이 된다.

1.
안개 낀 모란공원은 희미한 풍경화
민족민주열사 묘지 나에겐 서먹한 얼굴들
문익환, 계훈제, 박종철, 전태일, 조영래의 묘비명 있어
살아서 만난 적 없어도 영혼으로 만나니
아, 불꽃의 사람들

저
처절한 불길을 보라

저기서 노동자의
아픔이 탄다
저기서 노동자의 오랜
억압과 죽음이 탄다. (조영래)

2.
북간도 용정에서 남석 선생을 만나더니
경기도 양주군 모란공원에서 다시 만났으니

고고한 학으로 사셨던 님의 한 평생
눈으로 한 뼘 반 월망동 언덕 끊어진 길 아래
보는 이 미안토록 봉도 낮게 누우셨으니
산 한 자락 덮고 나무그늘 발치에 계시다

오직 민족의 깃발로
한민족 대서사시 '북간도'의 작가
남석 안수길 선생 잠드시다.

—「작가의 묘비」 전문

작가나 시인에게 '스타일'은 결코 포기할 수 없는 자존심 같은 대상이다. 이 시에서 '작가의 묘비'라는 제목에 전적으로 부합하는 부분은 '2.'이다. 최경호 시인은 여기에서 경기도 양주군 모란공원에 위치한 남석 안수길 선생의 묘비를 방문한 체험을 그리고 있다. 특히 안수길 선생을 뜻하는 "고고한 학"이나 "봉도 낮게 누우셨으니" 또는 "민족의 깃발" 등의 표현에는 존경과 흠모의 마음이 가득하다.

흥미로운 점은 이 시의 '1.'이다. '1.'은 두 개의 연으로 구성되어 있는데 시인은 우선 모란공원이라는 동일한 공간에 자리한 "민족민주열사 묘지"에서 문익환, 계훈제, 박종철, 전태일, 조영래 등의 묘비를 발견한다. 1연 5행의 어구 "아, 불꽃의 사람들"에는 범접하기 힘든 삶을 살다간 이들에 대한 최경호의 외경畏敬이 그득하다. 이어지는 '1.'의 2연은 '스타일리스트'로서의 시인의 모습을 돌올하게 세운다. 노동자의 아픔과 억압과 죽음을 환기하는 조영래의 시를 독립된 연으로 처리한 최경호의 혜안이 빛난다. 전태일의 죽음이라는 "처절한 불길"을 독자에게 상기시키려는 시인의 의지가 따뜻하다.

최경호의 시 「작가의 묘비」는 참신한 형식, 새로운 스타일에 시인의 지향을 담은 근래 보기 드문 가편佳篇임에 틀림없다. 시인이 발견한 '민족'과 '민주'를 향한 '불꽃'과 '불길'이 우리네 낮은 곳에서 넓고 깊게 퍼지기를 소망한다.

할머니가 태운 소지燒紙가 훨훨 어두운 하늘로 올라간다
할머닌 나에게 무당이다
초하루 보름 머리감고 옷매무새 단정히 하고
윗목에 찬물 한 그릇 떠놓고
친지신명님과 조상님에게
그저 어린것들 건강하고 공부 잘하고 탈 없게 하소서
할머닌 나에게 큰 무당이다.

할머니의 타는 소지 위로 김두고 선생이 웃는다
소쩍새가 '지게작대기 위에서' 울지 않고 왜, 나뭇가지에서 우노.

국어시간에 시인 김두고 선생이 던진 질문이다
소쩍새—

시가 쓰여지지 않는 밤은
할머니의 소지가 하늘로 올라가고
김두고 선생의 '왜'가 두고두고 밤을 밝힌다.
—「무당」 전문

세 개의 연으로 구성된 이 시의 스타일도 제법 흥미롭다. 시의 화자 '나'가 1연에서 주목하는 인물은 '할머니'이다. '나'에게 할머니는 '무당'으로서 기억되는데, 그녀가 소지燒紙를 살라 하늘로 올리면서 "그저 어린것들 건강하고 공부 잘하고 탈 없게 하소서"라는 소원을 빌었기 때문이다. '나'가 2연에서 주목하는 인물은 '김두고 선생'이다. 시인이기도 했던 김두고 선생은 '나'에게 '지게작대기'와 '나뭇가지'의 차이를 알려주었다. '나'는 그에게서 시인으로서의 언어를 다루는 방법을 배웠던 것이다. 3연은 1연과 2연이 종합되는 공간으로서 할머니의 '소지'와 김두고 선생의 '왜'가 화합하면서 '시'를 쓰는 '나'의 마음을 밝힌다. 세월의 무상함 앞에서 할머니와 김두고 선생을 그리는 최경호 시인의 염원 또는 바람이 애틋하다.

어제 밤은 눈이 내리고 짐승들이 울더이다
인연이란 끊을 수 없는 그리움일 터
가까운 사랑을 두고
멀리서 그리운 당신은 바람의 소리였나이다
차가운 동짓달 어느 오후

자는 듯 내친 당신의 흔적은 팔공산 언저리
좁은 공간에서 그리움을 지피며
심장의 숯불을 태우시던 당신은
어머니,
가더이다 좋은 세상 가더이다
무거운 이승의 끈일랑 놓으시고
가벼운 당신의 그리움으로 가더이다
어젯밤은 천리 밖 천복산 짐승들도 울더이다
—「돌이 되더이다」 전문

'형식'의 발견은 '주제'의 강화로 연결된다. 이 시의 독자적인 형식은 '~이다'라는 서술격 조사에 담긴 어조 또는 어투와 긴밀하게 결속된다. 1행의 "울더이다", 4행의 "소리였나이다", 10행의 "가더이다", 12행의 "가더이다", 13행의 "울더이다" 그리고 작품의 제목인 '되더이다'까지 총 6회 출현하는 '~이다'는 어느 방향을 가리키는가.

'~이다'의 궁극적 지향은 9행에 제시되는 '어머니'이다. 시인에 따르면 '인연'과 '그리움', '사랑'과 '이승'이 어머니를 휘감는다. 자식의 입장에서는 어머니와 함께 할 수 있는 '이승'이 '좋은 세상'임에 틀림없으나, 그녀는 더 이상 이곳에 없다. 이제 우리는 '짐승들의 울음'이나 '바람 소리'를 듣거나 '돌'을 바라보면서 어머니를 생각해야 한다. 최경호의 시 「돌이 되더이다」는 어머니를 향한 감출 수 없는 '비가悲歌' 곧 '사모곡思母曲'이 된다.

솟은 교회 옆구리에 사는 미모의 과수댁

그는 채소밭에서 자주 허파로 웃는다
자빠진 울타리에서 낯선 영감에게 기침을 한다
성난 고추 몇 개 들고 푸른 하늘 은하수 동요를 부른다
영감은 밭이랑에서 가득히 웃는다
여인의 허벅지가 허옇게 떨고 있었던지
그날 밤 불타는 여우는 높은 음계로 울었다
어응, 어응
밤마다 고추밭 이랑에서 수선거리는 움직임이 있었고
과수댁은 일 년 뒤 한 권의 시집을 낸다.

'성난고추와 알몸의 상관간계'

—「시집 한 권」 전문

'시집 한 권'이라는 제목의 이 시는 최경호의 첫 시집을 다루는 이 글에 시사하는 바가 적지 않다. 이 시의 1연에는 '미모의 과수댁'과 '낯선 영감'이 등장하여 이야기를 이끈다. 과수댁의 '허벅지'와 영감의 '성난 고추'가 교감하면서 모든 예술이 열망하는 음악의 상태에 도달한다. "높은 음계로 울었다"와 "푸른 하늘 은하수 동요를 부른다"는 이를 입증하는 어구이다. 남녀가 펼쳐 보이는 유일한 생의 의미 곧 "밤마다 고추밭 이랑에서 수런거리는 움직임"은 일 년 뒤 '한 권의 시집'으로 다시 태어난다. 이 시의 2연인 '성난 고추와 알몸의 상관관계'는 과수댁이 펴낸 '한 권의 시집'인 동시에 최경호 시인의 첫 시집이 된다. 그는 '몸'과 '시'를 섞고, '성性'과 '말'의 소통을 주도한다. 최경호에 이르러 한국시는 비로소 형이상학과 형이하학의 조화를 경험한다.

올해사 무화과는 열리지 않는군요
나무도 꽃 없는 열매는 거부하지요
묵묵새의 들리지 않는 울음소리에
잡초는 머리 숙이고,

별들은 버림받아도 빛나는 것이고
철새들은 날개만 있으면 비상飛翔하는데
라이오스가의 저주의 코러스를 듣는지요
어두운 지중해에서 배를 저어 나왔습니다
항해는 거룩한 것이지만 난파는 인간적이지요.

어머니,
올해사 무화과는 열리지 않는군요.
—「무화과」 전문

경구나 잠언, 격언이나 금언이라는 말로도 표현되는 아포리즘은 이 시의 동력이다. 작품의 앞뒤에서 수미상응의 구조로 대응되는 어구 "올해사 무화과는 열리지 않는군요"는 독자의 호기심을 자극한다. 이 대목에 출현하는 동사 '않다'는 1연 2행의 "나무도 꽃 없는 열매는 거부하지요"에서의 동사 '거부하다'와 호응하면서 부정의 연대를 형성한다.

부정성이 난무하는 1연의 진로를 극적으로 전환하는 2연은 이 시의 백미白眉이다. "별들은 버림받아도 빛나는 것이고/ 철새들은 날개만 있으면 비상飛翔하는데"는 얼마나 큰 긍정성으로 출렁이는가. 우리는 특히 2연 5행의 "항해는 거룩한 것이지만 난파는 인간적이지요."에 주목해야 하겠다. '항해'가 '거룩하다' 또는 '신성神聖'과 연결된다면, '난파'는 '인간' 또는 '세속世俗'과 악수한다. 최경호 시인이 전개하는 '성聖'과 '속俗'의 동시적 수용을 감안할 때, 3연에 제시되는 '어머니'는 '하느님' 또는 '신神'으로 대체 가능할 것이다. 그러므로 이제 '무화과'는 열리지 않아도 좋다.

3.

이 글은 최경호 시인의 첫 시집을 고찰하였다. 제한된 분량 안에서 최경호의 시 세계를 넓고 깊게 조망하는 것이 이 글의 목표였다. 우리는 최경호의 아홉 편의 시를 중점적으로 점검하면서 마침내 다음과 같은 결론에 도달하게 되었다. 첫째, 시인은 무엇보다도 몸과 감각과 에로티시즘의 시학을 일관되게 전개하였다. 그는 '몸'과 '시'를 섞고, '성性'과 '말'의 소통을 주도했다. 최경호에 이르러 한국시는 비로소 형이상학과 형이하학의 참된 조화를 경험하게 된 것이다.

둘째, 시인은 참신한 형식과 새로운 스타일의 개척에 매진하였다. 최경호 시인은 시의 본질이 잘 빚어진 말이라는 사실을 적확하게 포착하고 낯선 형식을 추구하였다. 특히 그의 경우 '형식'의 발견을 '주제'의 강화로 연결시킴으로서 한국시의 심화에 크게 기여했다.

끝으로 최경호의 시는 체험의 구체성이 살아있는 오늘의 시이다. 그가 자신의 육성肉聲으로 전달하는 '성聖'과 '속俗'의 동시적 수용은 우리 시의 앞날에 흔들리지 않는 등불로 남을 것이다. 앞으로도 시인의 첨예한 문제의식이 새로운 시형詩形으로 살아남기를 기대한다.

최경호

최경호崔景鎬 시인은 대구에서 태어났고, 호는 석해石海이다. 『문학저널』(시부문)과 『월간문학』(문학평론부문)으로 등단했으며, 전국 시詩문학비를 답사하고, 월간 『문학공간』과 『문학저널』에 '문학산책'을 연재했다. 장시집 『소설가 남석 안수길 선생』(2004)과 『안수길 연구』(1994)와 문학평론집 『한국문학의 현장과 비평』 등이 있다. 현재 한국문협, 대구문협, 여백문학, 농민문학, 한국예술문화비평가협회, 한국문학비평가협회, 한묵회(한국화 동인) 등의 회원으로 활동하고 있다.
『목 긴 찻잔』은 최경호 시인의 두 번째 시집이지만, 그는 성聖과 속俗의 동시적 수용을 통해서 형이상학과 형이하학의 조화를 이끌어낸다. 요컨대 최경호 시인은 참신한 형식과 새로운 스타일로 그의 체험을 육화시킨 것이고, 몸과 시, 성性과 말의 소통을 통해서 '에로티시즘의 시학'을 활짝 꽃 피우게 된 것이다.

이메일 : khchoi3752@hanmail.net

최경호 시집
목 긴 찻잔

발　행 2015년 9월 30일
지은이 최경호
펴낸이 반송림
편집디자인 김지호
펴낸곳 도서출판 지혜
　　　계간시전문지 애지
기획위원 반경환 이형권 황정산
주　소 300-812 대전광역시 동구 선화로 203-1 2층 도서출판 지혜 (삼성동)
전　화 042-625-1140
팩　스 042-627-1140
전자우편 ejisarang@hanmail.net
애지카페 cafe.daum.net/ejiliterature

ISBN : 979-11-5728-087-2 03810
값 9,000원